影子
飞机

文·图／[日]五味太郎
译／邱琼慧

明天出版社

飞机向前飞。

飞机的影子
也向前飞。

走进飞机的
影子里。

啊！
被影子飞机
载走了！

搭上了影子飞机。
那个人也要搭吧？

又有人来了！
应该……会搭吧？

那些人
也要搭吗？

有不搭飞机的人，
也有不搭飞机的东西。

影子飞机
飞向大海。

哇!
大家都来搭飞机。

客满啦！

飞机要降落了，
影子飞机也要降落。

飞机降落了。
飞机的影子也安全降落。

请注意，
机舱门要开了。

各位旅客，
我们到喽！

GOMi TARO

图书在版编目(CIP)数据

影子飞机／[日]五味太郎文图；邱琼慧译.
—济南：明天出版社，2016.12 (2017.12重印)
（信谊宝宝起步走）ISBN 978-7-5332-8984-3
I.①影…II.①五…②邱…III.①阅读课－学前教育－教学参考资料IV.①G613.2
中国版本图书馆CIP数据核字(2016)第229680号
山东省著作权合同登记号 图字：15-2015-274号

Kage no Hikôki

Copyright © 2014 by Taro Gomi
Simplified Chinese translation copyright © 2016 by Tomorrow Publishing House
in conjunction with Hsinex International Corporation
First published in Japan in 2014 by KAISEI-SHA Publishing Co., Ltd., Tokyo
Simplified Chinese translation rights arranged with KAISEI-SHA Publishing Co., Ltd.
through Japan Foreign-Rights Centre/ Bardon-Chinese Media Agency
All rithgs reserved
本简体字版 © 2016由（台北）上谊文化实业股份有限公司授权出版发行

影子飞机

文·图／[日]五味太郎　译／邱琼慧
总策划／张杏如　责任编辑／凌艳明　美术编辑／李宝华
特约编辑／廖瑞文 刘维中 郭 孚 周 喆　特约美编／陈香君
出版人／傅大伟　出版发行／山东出版传媒股份有限公司 明天出版社
地址／山东省济南市市中区万寿路19号　网址／www.tomorrowpub.com　www.sdpress.com.cn
特约经销商／上海上谊贸易有限公司　地址／上海市静安区南京西路1788号1903室
电话／86-21-62813681　网址／www.xinyituhuashu.com　经销／各地新华书店
印刷／深圳当纳利印刷有限公司　开本／220毫米×240毫米 16开 印张／2.5
版次／2016年12月第1版　印次／2017年12月第2次印刷
ISBN 978-7-5332-8984-3　定价／33.80元